ことばと文化でつながる

にほんごで
文化体験

村田 晶子 監修
長谷川 由香　池田 幸弘　竹山 直子 著

JN087576

アルク

はじめに

日本語学習者の皆さんへ ―――――――――――

　本書は、皆さんが日本語を使って日本の文化体験をするためのテキストです。日本の社会や文化を「知る」ことはもちろん、教室を出て「街を歩き、見て、聞いて、体験して、食べて、人とつながる」ことを目的としています。また、本書は日本語の初級中盤から上級まで、幅広いレベルの学習者が日本語を使いながら文化体験ができるように工夫されています。本書を活用することで、皆さんは日本の社会や文化を肌で感じることができると同時に、人と関わることを通じて、知らず知らずのうちに日本語で話し、自分の日本語が「通じた」「伝えられた」という実感を持つことができるようになるでしょう。

教職員・ボランティアの皆さんへ ―――――――――――

　本書は、国際交流や日本語教育に関わる教職員、ボランティアの皆さんが、日本文化体験の授業を実施する際に活用することができるテキストです。文化体験の授業は学習者にはとても人気がありますが、実施するためには活動の選定、予算の検討、施設の予約、日本語レベルが異なる学習者への配慮など、さまざまなことを考える必要があります。また、参加者の学習効果を高めるためには単に体験させるだけでは不十分で、事前活動と事後活動のデザイン、教材の作成、指導方法の決定などを行わなければならず、「おもしろそうだけど実際に行うのは難しい」と思われる方もいらっしゃるのではないでしょうか。

　そこで、本書ではさまざまな教育機関で実施しやすいテーマを選び、予算的にも無理のない活動を多く取り入れています。また、学習効果を高めるために学習者が主体的に行える、事前・現地・事後の活動の方法を多数提案し、さまざまな教育現場や交流イベントで活用できる、汎用性の高い内容になっています。付録「活動のための日本語」では、各体験の活動例と発表などで役立つ日本語表現を取り上げています。さらに、ダウンロード版の「教師用ガイド」では授業の進め方やポイントはもちろん、日本語レベル別の活動例、オンラインを利用した活動例なども紹介していますので、初めて文化体験の授業を行う先生でも十分効果のある活動ができることと思います。

　本書は、法政大学において2014年から行われている短期日本語日本文化プログラムの教材を基に、プログラムに関わる教員が検討を重ねて作成したものです。学習者にとって、言語使用と文化体験が融合したプログラムは、日本語の運用力を高めるだけでなく、人との交流の機会、社会や文化を深く理解する貴重な機会となっています。また、このプログラムには毎回100名を超える学生ボランティアが参加しており、彼らにとっても留学生との交流や日本語支援は、異文化理解、日本語・日本文化の見つめ直し、同世代の若者同士の友情を育む上でとても大切な機会になっています。ぜひ本書がさまざまな教育現場や国際交流の場で活用され、ことばと文化の学び、および相互理解につながることを願っています。

　本書の出版にあたり、短期プログラムに関わった先生方、ご助言をくださった先生方に心より感謝を申し上げます。また、編集の紺野さやかさん、アルクの除村美幸季さんには編集・校正において多大なご協力をいただきました。厚くお礼を申し上げます。

監修者・著者一同

もくじ　contents

本書の構成

　本書はテーマによって1章から7章までに分かれており、各章は「ウォームアップ」と二つ（あるいは三つ）の活動で構成されています。それぞれの活動は、事前活動、現地活動、事後活動からなります。

　また、付録として「活動のための日本語」があり、各体験で役立つ活動例と発表などで役立つ日本語表現などを取り上げていますので、参加者のレベルに合わせ、組み合わせて使用することができます。

　各章の構成は以下の通りです。

各章の最初のページ
テーマに関する質問について話す

ウォームアップ
テーマについて知る・調べる

【目的】
・テーマに興味を持つ　　・背景知識を得る
・知りたいこと、見たいこと、体験したいことが何かを考える

活動
テーマに沿った活動はそれぞれ独立しているため、状況や目的に合わせて活動を選ぶことができる

| ①活動の前に（事前活動） | → | ②やってみよう（現地活動） | → | ③活動を終えて（事後活動） |

体験のための準備活動
・計画を立てる
・情報収集をする
・必要な表現を学ぶ　など

実際に体験する
・現地で観察する
・現地で情報を探す
・質問をする
・写真を撮る　など

体験してわかったことを発信する
・プレゼンテーション
・ブログやSNSに投稿する
・お礼状を書く　など

語彙リスト
各章の活動で出てくる語彙が掲出順にリストになっている

付録：活動のための日本語
活動に合わせて適宜利用する

Ⅰ．文化体験のための活動例
Ⅱ．文化体験のための日本語表現

本書の使い方

　各活動の具体的な進め方や活動例は、ダウンロード版「教師用ガイド」をご覧ください。テキストで取り上げた活動以外にもさまざまな活動のアイデアがありますので、必要に応じてアレンジが可能です。また、実際に学習者を引率する際のポイントや注意事項についても紹介しているので参考にしてください。日本語レベル（初級、上級）による活動アレンジ例や、オンラインアレンジ例もあるので、学習者の背景や受講環境に応じた指導の助けとなるでしょう。
　以下、おおまかな活動の流れを紹介します。

1. 各章の最初のページ

各章の扉のページには、その章のテーマとテーマに関する質問があります。まずは質問について話し合ってみましょう。ここでは学習者の既有知識を活性化し、テーマに興味を持たせる意図があります。

2. ウォームアップ

ここでは各章のテーマに関するイラストなどを見ながら質問に答えたり調べたりすることで、章全体のイメージを掴みます。
さらに、💬の内容について話すことでテーマについてより深く考えることができるでしょう。

3. 活動の前に

これから行う体験についての事前活動を行います。
ここでは学習者がテーマについて自分で調べたり、体験の概要について予習をしたりすることで、実際の体験をさらに有意義にすることができます。また、遠隔地にいたり学習者の都合で体験が難しいという場合には、この活動のみ行うこともできます。

4. やってみよう

ここでは、実際に教室の外に出て体験したり、観察したり、人と触れ合ったりといった現地活動を行います（活動によっては教室内で行うものもあります）。
参加者は体験するだけでなく、体験中の発見や気付きをワークシートにメモをしておくことにより、体験を振り返り、体験を通じた学びの可視化を行うことができます。
テーマによっては「これもやってみよう」があります。学習者やクラスの状態に合わせて活用することで、さらに活動の幅が広がります。

5. 活動を終えて

ここでは事後活動として、体験を終えて教室に戻ってから「やってみよう」のワークシートを参照して体験内容を振り返り、学んだことや気付いたことをまとめて発信します。クラスでの口頭発表やポスター発表、SNSへの投稿、お礼状の作成など、さまざまな活動を行うことができます。

テーマによっては「これもやってみよう」があります。学習者やクラスの状態に合わせて活用することで、さらに活動の幅が広がります。

6. 語彙リスト

各章の最後には活動の際に使用する語彙リストが日本語・英語・中国語・ベトナム語で示してあります。活動の際に参照したり、必要に応じてクイズなどに活用することもできます。

※コラム（1章、3章、4章、5章）

その章に関連する話題を扱っています。気軽に楽しみながら読める内容となっています。

ダウンロード版「教師用ガイド」について

本書の「教師用ガイド」は「アルク ダウンロードセンター」よりPDFをダウンロードしてご利用いただけます。パソコンで以下のURLにアクセスし、ファイルをダウンロードしてください。

【アルク ダウンロードセンター】 https://www.alc.co.jp/dl/

『にほんごで文化体験』 商品コード：7021021

※本サービスの内容は、予告なく変更される場合がございます。あらかじめご了承ください。

付録 「活動のための日本語」の使い方

　付録「活動のための日本語」では、文化体験学習に役立つさまざまな活動例と日本語表現の例を紹介しています。本書の文化活動に限らず普段の日本語クラスでも利用することができます。

　各活動例の使い方については、ダウンロード版「教師用ガイド」をご覧ください。

I. 文化体験のための活動例

　物の描写や比較、手順説明、インタビュー、手紙の書き方など、本文でも取り上げている活動を、より汎用性を高めた形で独立させています。

　学習者の日本語レベルに合わせたり、同一の活動を異なる形式や機能で行ったりと、状況に応じてバラエティーに富んだ活動を行うことができます。以下に本文で使われている利用例をまとめましたので参考にしてください。また、その他のアレンジ例などはダウンロード版「教師用ガイド」をご覧ください。

参考：「活動のための日本語」の本文での利用例

活動のための日本語	本文
① 場所やものを詳しく描写する	1章　活動1「街を知る」 2章　活動1「食レポにチャレンジ！」
② 手順を説明する	2章　活動2「料理にチャレンジ！」
③ 比較してコメントする	1章　活動2「街の歴史を調べる」 6章　活動2「伝統衣装を知る」
④ インタビューする	3章　活動2「ものづくりの現場を見学する」 4章　活動1「地域の活動に参加する」 7章　活動2「お正月②　年賀状」
⑤ 調べた結果を発表する	3章　活動1「地域の文化を知る」 5章　活動2「災害が起きたとき、どうする？」 6章　活動1「伝統文化を知る」
⑥ 交流する	4章　活動1「地域の活動に参加する」 4章　活動2「交流会を開く」
⑦ 手紙（お礼状）を書く	3章　活動2「ものづくりの現場を見学する」 4章　活動2「交流会を開く」

II. 文化体験のための日本語表現

　ディスカッションや質疑応答、司会進行など、アカデミックな場面でも役立つ日本語表現を取り上げています。

　また、発表の振り返り用に自己チェックシートもありますので、こちらもご利用ください。

本書の活用例

以下、本書の活用例を紹介します。

（1）短期集中のコース（2週間～1か月程度）

　短期集中のコースで行う場合、午前の授業で事前活動（①活動の前に）、午後に現地活動（②やってみよう）、翌日の午前の授業で事後活動（③活動を終えて）、という組み合わせにすると、2日間のサイクルで一つの文化活動を終えることができます。

	1日目	2日目	3日目	4日目
授業（午前）	事前活動①活動の前に	事後活動③活動を終えて	事前活動①活動の前に	事後活動③活動を終えて
課外活動（午後）	現地活動②やってみよう		現地活動②やってみよう	

（2）授業の課外学習

　授業の一環として1コマ分の文化活動を行う場合は、1回目の授業で事前準備（①活動の前に）、2回目は現地活動（②やってみよう）、3回目の授業で事後活動（③活動を終えて）に分けて実施するとよいでしょう。もし時間がない場合は事後活動のレポートを宿題とする方法もあります。

授業回	1回目	2回目	3回目
授業	事前活動①活動の前に	現地活動②やってみよう	事後活動③活動を終えて

（3）ボランティア教室などが企画する文化イベント

　ボランティア教室などが企画する国際交流・日本文化紹介イベントで活用する場合、事前活動や事後活動を省略して、現地活動だけを行うことも多いでしょう。しかし、日本語学習支援も視野に入れた活動をするのであれば、事前活動の時間を取り、テーマについてディスカッションをしてから、現地活動をするとよいでしょう。また体験後にそれを日本語でまとめる活動を取り入れることも学習者の日本語学習支援、文化の振り返り、気付きを可視化する上で貴重な機会ですので、ぜひ実施してみてください。ダウンロード版「教師用ガイド」には、さまざまな活動のヒントがありますので、参考にしてください。

☆ 文化活動の学びの記録

　本書での活動を行う前に「①日本で体験したいことを考える」を、行った後に「②体験を振り返る」を使うことができます。コースの初日と最終日に活用するとよいでしょう。

---

①日本で体験したいことを考える

日本で体験したいこと、日本語で体験したいことは何ですか。

日本でしたいこと	(例) ・ラーメンを食べる　　　　・本格的な寿司屋に行く ・温泉に入る　　　　　　　・京都の街を浴衣で歩く
日本語でしたいこと	(例) ・友達を作る　　　　　　　・レストランで注文する

②体験を振り返る

①のシート（日本で体験したいことを考える）を見ながら、体験を振り返りましょう。

日本でできたこと	
日本語でできたこと	
うまくいかなかったことで、学んだこと	
今後の目標	

1章
しょう

街を歩く
まち ある

1. あなたが住んでいる街はどんなところですか。
   す　　　　　　　まち

2. 日本の有名な観光地を知っていますか。
   にほん　ゆうめい　かんこうち　し
   どんなところですか。

☑ ウォームアップ

1. 次のa～iの都道府県で、知っているところはありますか。どこにあるかわかりますか。

a. 東京都
b. 大阪府
c. 京都府
d. 沖縄県
e. 静岡県
f. 北海道
g. 福岡県
h. 宮城県
i. 広島県

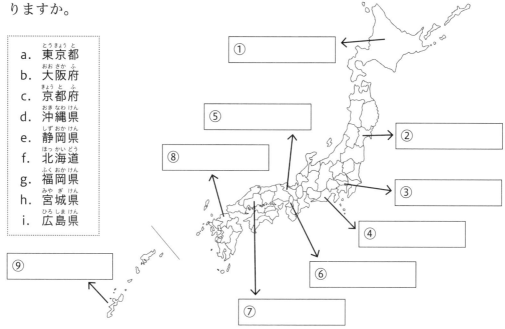

①
⑤
⑧
②
③
④
⑥
⑦
⑨

2. 次の観光地は、1のどの都道府県にあるか調べましょう。

① 金閣寺

② 宮島

③ スカイツリー

④ 富良野

⑤ 富士山

 あなたが日本で行ったことがある場所や行ってみたい場所はどこですか。行ってみた感想や行ってみたい理由について話しましょう。

☑ 活動1：街を知る

あなたが住んでいる街や近くの観光地の魅力について調べて発表しましょう。

▶ 活動の前に　～調べよう～ 🔍

あなたが住んでいる街や近くの観光地について調べましょう。

	例	あなたの選んだ街／観光地
①地名	鎌倉	
②アクセス	東京から1時間	
③歴史	鎌倉時代 （1185～1333年） の中心地	
④特徴・ 雰囲気	・自然が多い ・前が海、後ろが山 ・寺や神社が多い ・静か	
⑤見どころ （有名なもの）	大仏	
	鶴岡八幡宮	
	竹林	

▶ やってみよう　～マップを作ろう～ ✏

あなたが住んでいる街のマップ（例：観光マップ、お散歩マップ）を作りましょう。

お散歩マップの例

_____ マップ

```
┌─────────────────────────────────────────────────┐
│                                                 │
│                                                 │
│                                                 │
│                                                 │
│                                                 │
│                                                 │
│                                                 │
│                                                 │
│                                                 │
│                                                 │
│                                                 │
│                                                 │
└─────────────────────────────────────────────────┘
```

〈 これもやってみよう！ 〉 ………………………………………………………………

・実際に街に出て、おもしろいと思ったもの、気になるものの写真や動画を撮ってみましょう。
・街歩きの中で地元の人にその土地のことを聞いてみましょう。
・あなたの住んでいる街に観光客を呼ぶためのアイデアを考えて、提案してみましょう。

▶ 活動を終えて　〜発表しよう〜 📢

あなたが住んでいる街や近くの観光地について、調べてわかったことを3ステップ
(導入→説明→結び) にまとめて発表しましょう。

導入	こんにちは。［名前］.. です。 これから［地名］.. について紹介したいと思います。
説明	［地名］.. は［アクセス］.. .... ［歴史・特徴・雰囲気］.. .... ［見どころ］.. ....
結び	［地名］.. は［コメント］.. .... みなさん、時間があったらぜひ［地名］.. へ行ってみてください。これで私の発表を終わります。

【 これもやってみよう！ 】..

・街の魅力や歴史について動画を作成し、SNSや動画共有サイトなどで紹介してみましょう。
・実際に行った人は、発表した内容を旅行サイトに口コミとして投稿してみましょう。

☑ 活動2：街の歴史を調べる

あなたが住んでいる街や気になる観光地の歴史について調べて発表しましょう。

▶ 活動の前に　〜昔と今を比べよう〜 🔍

・あなたが住んでいる街や気になる観光地について、歴史や現在の特徴などを調べましょう。

・昔の建物や地図、写真などもインターネットで探しましょう。

例：秋葉原の昔と今

昔	今
古い電気街 ● 駅前の古いビルに、小さな店がたくさん入っています。そこではいろいろな電子機器の部品を売っています。 ● 戦後、庶民の娯楽だったラジオの部品などを売る店が集まったのが、電気街の始まりだそうです。	**メイド喫茶、オタクの聖地** ● 今、秋葉原にはメイド喫茶や、ゲーム・同人誌・フィギュアなどを売る店が増えました。 ● オタクの聖地と言われ、世界的にも有名な街になりました。

_____ の昔と今

昔	今

▶ やってみよう 〜年表を作ろう〜 ✏

調べたことや写真をまとめて、年表を作りましょう。

例：秋葉原の年表

● 17世紀	：武士が住んでいた	
● 1870年	：秋葉神社が建つ（火除けの神様）	
● 1945年	：終戦。闇市が立つ	
● 1990年代	：IT時代へ	
● 2000年以降	：オタクの聖地へ	

_____ の年表

┌─────────────────────────────────────┐
│   │
│   │
│   │
│   │
│   │
│   │
│   │
│   │
│   │
│   │
└─────────────────────────────────────┘

これもやってみよう！ ....

・実際に街を歩いて、歴史を感じるものや新しさを感じるものの写真を撮ってみましょう。

▶ 活動を終えて　〜発表しよう〜 📢

あなたが住んでいる街や気になる観光地の昔と今を比べ、どのように変化したかをまとめて発表しましょう。

私は（　　　　　　　　　）について、昔と今を比べて話したいと思います。

まず、..

....

....

それに対して ....

....

私は ....

....

....と思います。

column

富士山に登ろう！

　日本へ来たら富士山に登ってみたい人もいるでしょう。富士山へは5合目まで車やバスで行くことができます。しかし、夏の間（7月〜9月中旬）しか登ることができません。服装や靴、持ち物などに十分注意して、休みながら一泊二日で登るのがおすすめです。富士山の近くの河口湖（山梨県）周辺には、遊園地などのレジャースポットや温泉もあります。

　富士山は2013年、世界文化遺産に登録されました。古くから噴火がたくさん起きたので、人々は富士山には神がいると考えていました。そして、神社を建てて神をまつり、修行のために登りました。長い間、女性は富士山に登ることはできませんでした。登山を許されたのは明治時代（1868〜1914年）になってからでした。また、富士山はその美しさから、絵や詩、能などの芸術作品にも出てきます。

- -

富士山クイズにチャレンジ！

①富士山が最後に噴火したのはいつ？
　A：約100年前　　B：約300年前
②富士山の高さは何メートル？
　A：3,776メートル　B：3,886メートル
③富士山で見る「日の出」は何という？
　A：御来光　　　　B：初日の出
④富士山のそばに湖はいくつある？
　A：五つ　　　　　B：六つ
⑤富士山が描かれているお札はどちら？
　A：一万円札　　　B：千円札

P.12　1の答え：①f ②h ③a ④e ⑤c ⑥b ⑦i ⑧g ⑨d
P.12　2の答え：①c ②i ③a ④f ⑤e
P.19　コラムの答え：①B ②A ③A ④A ⑤B

語彙リスト

	ことば	英語	中国語	ベトナム語
1	観光地	tourist spot	旅游景点	điểm du lịch
2	魅力	attraction; appeal	魅力	sự hấp dẫn
3	アクセス	access	交通方式	kết nối
4	歴史	history	历史	lịch sử
5	特徴	characterics	特点。特征。	đặc trưng
6	雰囲気	atmosphere	气氛	bầu không khí
7	見どころ	places to visit	值得一看之处。亮点。	cái đáng xem
8	動画	video	动画。视频。	video, hình ảnh động
9	街歩き	walking around town	漫步城镇观景	đi dạo phố
10	地元	local	当地	quê
11	観光客	tourist	游客	khách du lịch
12	提案（する）	suggestion (to make a suggestion)	提议	sự đề xuất
13	旅行サイト	travel site	旅游网站	trang du lịch
14	口コミ	review; by word of mouth	口碑。网络评论。	lan truyền bằng miệng
15	投稿（する）	to post	发文。投稿。	sự đăng bài
16	年表	chronology	年表	biểu đồ thời gian
17	富士山	Mt. Fuji	富士山	núi Phú Sỹ
18	登る	to climb	登山。攀登。	leo
19	（富士山の）5合目	the fifth station (of Mt.Fuji)	（富士山的）五合目（2305米处）	cột mốc số 5 (của núi Phú Sỹ)
20	服装	attire; clothes	服装	trang phục
21	靴	shoes	鞋	giày
22	持ち物	belongings	随身物品	hành lý mang theo
23	一泊二日	two days and one night; overnight	两日游。两天的行程	2 ngày 1 đêm
24	遊園地	amusement park	游乐场	khu vui chơi
25	レジャースポット	leisure spot	娱乐设施	điểm giải trí
26	温泉	hot spring	温泉	suối nước nóng
27	世界文化遺産	World's Cultural Heritage (site)	世界文化遗产	di sản văn hóa thế giới
28	登録（する）	to register	登载。载入。	sự đăng ký
29	噴火	eruption	火山爆发	sự phun lửa
30	（神を）まつる	to worship (God)	祭神	thờ (thần thánh)
31	修行	ascetic practices/training	修炼。修行。	sự tu hành
32	許す	to forgive	原谅	tha thứ, cho phép
33	芸術作品	work of art	艺术作品	tác phẩm nghệ thuật

2章

食を楽しむ
（しょく を たの）

1. あなたの好きな日本の食べ物は何ですか。

2. どんな日本料理を知っていますか。

3. あなたは料理をしますか。どんな料理が作れますか。

✓ ウォームアップ

1. 次の日本の食べ物の名前を知っていますか。

① _____

② _____

③ _____

④ _____

⑤ _____

⑥ _____

2. 次の文の（　）に入ることばを、下のa〜eから選びましょう。

日本料理のイメージと「和食」

　「和食」といえばどんなものを思い浮かべますか。伝統的な料理として、すし、刺身、天ぷらなどをイメージしましたか。それとも、最近外国でも人気のあるラーメン、お好み焼き、たこ焼きのような庶民的な料理をイメージしましたか。

　では、和食の特徴とは何でしょうか。第一に、自然豊かな日本では、食材本来の味を楽しむため、各食材が一番おいしい時期、つまり「（①　　　　）」を意識した食生活を大切にしています。第二に、（②　　　　）― みそ、しょうゆ、納豆、みりん、酢、かつお節など― や野菜が豊富で、（③　　　　）が少ないことも和食の要素です。さらに、江戸時代の終わりまで（④　　　　）を食べることは禁止されていたこともあり、伝統的には（④　　　　）より（⑤　　　　）をよく食べる習慣がありました。このような特徴から、和食はヘルシーフードとして世界的にも人気が高まっています。

a. 肉　　b. 発酵食品　　c. 旬　　d. 魚　　e. 油分

1の食べ物の中で、どんな食べ物か、どんな味がするか知っているものがあれば簡単に説明してみましょう。

☑ 活動1：食レポにチャレンジ！

店に行って、食べたものについてレポートしましょう。

▶ 活動の前に　〜行く店を決めて、食レポの練習をしよう〜

何をどこで食べるか決める 🔍

1. 下のことば（オノマトペ）はどんな食べ物に使われる表現だと思いますか。「食べ物」や「飲み物」、「スイーツ」などいろいろなことばと組み合わせてインターネットで検索してみましょう。

例： ___あつあつ___ ＋ ___食べ物___ ⟶ ___おでん　鍋　スープ___

_____ ＋ _____ ⟶ _____

_____ ＋ _____ ⟶ _____

_____ ＋ _____ ⟶ _____

```
とろとろ    ねばねば    ふわふわ    キンキン    さくさく
ぱりぱり    もちもち    つるつる    ほくほく    シャキシャキ
```

2. あなたが行きたい場所と食べたいものを決めて、店を検索しましょう。

例：行きたい場所（　新宿　）＋ 食べたいもの（　鉄板焼き　）

行きたい場所	食べたいもの	店の名前
例：新宿	例：鉄板焼き	例：田中屋

食レポの進め方 🚩

> ● 自分が食べているところを、友達に動画撮影してもらいます。
> ● 食べながら、その食べ物の味や食感、感想をレポートします。

1. 次のことばを使いながら食レポの練習をしましょう。

食べ物の名前	内容	例
例：あんまん	大きさ	大きい・小さい、手の平サイズ、〇センチ、（　　　　）
	形	四角い、丸い、三角、細長い、〜のような形、（　　　　）
	匂い	香ばしい、いい匂いがする、ツーンとする、（　　　　）
	味	甘い、辛い、甘辛い、酸っぱい、苦い、油っこい、しょっぱい、こってり、あっさり、さっぱり、（　　　　）
	食感	やわらかい、硬い、歯ごたえがある、もちもち、さくさく、ねばねば、ふわふわ、（　　　　）
	感想	こんなの初めて!、ほっぺたが落ちそう!、やさしい味、癖になる味、幸せ、（　　　　）

食べ物の名前	内容	例
＿＿＿＿＿＿	大きさ	大きい・小さい、手の平サイズ、〇センチ、（　　　　）
	形	四角い、丸い、三角、細長い、〜のような形、（　　　　）
	匂い	香ばしい、いい匂いがする、ツーンとする、（　　　　）
	味	甘い、辛い、甘辛い、酸っぱい、苦い、油っこい、しょっぱい、こってり、あっさり、さっぱり、（　　　　）
	食感	やわらかい、硬い、歯ごたえがある、もちもち、さくさく、ねばねば、ふわふわ、（　　　　）
	感想	こんなの初めて!、ほっぺたが落ちそう!、やさしい味、癖になる味、幸せ、（　　　　）

2. お菓子や果物など身近なものを使ってペアで練習してみましょう。慣れたらお互いに動画を撮りましょう。

▶ やってみよう　〜食レポをしよう〜 🚩

実際に店に行って、店の様子や料理の味をレポートしましょう。
＊ 店の前などで撮影するときは、店の迷惑にならないように気をつけましょう。
　 必要なら、許可を取りましょう。

【 メ モ 】

行った日	月　　　日（　　　）　　　時ごろ
行った場所 店の名前	
店や客の様子	【店の様子】　にぎやか、混んでいる、人が並んでいる、 　　　　　　　満席、空いている、暇そう、 　　　　　　　落ち着いた雰囲気、（　　　　　　　　） 【席のタイプ】　テーブル席、カウンター席、立ち食い、 　　　　　　　個室、座敷、（　　　　　　　　） 【客のタイプ】　若者、カップル、学生、お一人様、 　　　　　　　高齢者、（　　　　　　　）
注文したもの （値段）	
料理の特徴	
感想	

【 写真・イラスト 】

▶ 活動を終えて　〜発表しよう〜 📢

撮影した食レポ動画を見せながら、食べたものについて3ステップ（導入→説明→結び）にまとめて発表しましょう。

導入	こんにちは。[名前] .... です。 私は [食べ物の名前] .... について紹介します。
説明	[いつ] ....、[どこ] .... で、[何] .... を 食べました。 [店や客の様子] .... [値段や特徴] .... [感想] ....
結び	みなさんもチャンスがあったら、.............................. を 食べてみてください。 これで私の発表を終わります。

これもやってみよう！ ....

SNSやグルメサイトにレストランの「口コミ」を投稿してみましょう。

店名	例：おかわり一丁（ラーメン屋）
満足度（星の数）	★★★★☆
場所	池袋駅の東口から5分ぐらい。とても古くて狭かった。
店の様子	人気店なのでたくさん人が並んでいた。
注文したもの	この店の一番人気「スタミナラーメン」を注文した。
料理の説明	豚骨スープに卵とチャーシューと海苔とネギ。
	クリーミーなスープにニンニクがたくさん入っている。
感想	「ごちそうさまでしたー!」ああ、幸せ。これで600円は安い。

店名	
満足度（星の数）	☆☆☆☆☆
場所	
店の様子	
注文したもの	
料理の説明	
感想	

☑ 活動2：料理にチャレンジ！

料理の作り方をまとめ、紹介しましょう。

▶ 活動の前に　〜ことばを知ろう〜 📖

1. 次のことばを見てください。何を作るときに使うか考えましょう。

> 焼く　　揚げる　　炒める　　煮る　　　混ぜる　　かける　　つける
> 巻く　　握る　　　塗る　　　のせる　　挟む　　　盛り付ける　炊く

2. 次のことばを見てください。どんな食べ物や料理に使うか考えましょう。

> 甘い　辛い　　　酢っぱい　　塩からい（しょっぱい）
> 苦い　油っこい　　あっさりしている

3. 次の調味料の名前を確認しましょう。

①＿＿＿＿＿＿＿　②＿＿＿＿＿＿＿　③＿＿＿＿＿＿＿　④＿＿＿＿＿＿＿

4. 次の料理道具の名前を、下のa〜eから選びましょう。

① _____

② _____

③ _____

④ _____

⑤ _____

a. 包丁　　b. まな板　　c. 鍋　　d. フライパン　　e. ボウル

▶ やってみよう　〜レシピを書こう〜 ✏

あなたが好きな日本の料理の作り方を書きましょう。

【料理名】　　**肉じゃが**

【紹介文】　　　　　　　　　　　　　【料理の写真や絵】

　「おふくろの味」として人気！

　味がしみこんだじゃがいもが最高！

【材料】（　4　人分）

　じゃがいも 4 個、たまねぎ 1 個、

　牛肉 200 グラム、サラダ油 大さじ 3 杯

　グリンピース 少々

　A：水 カップ 2 杯、砂糖 大さじ 3 杯、

　　酒 大さじ 2 杯、みりん 大さじ 2 杯、

　　しょうゆ 大さじ 4 と 1/2 杯

【作り方】

①	②	③	④
肉と野菜を切る。	サラダ油で肉と野菜を炒める。	Aを入れて20分ぐらい煮る。	グリンピースを入れてできあがり。

【ポイント】　　　　　　　　　【レシピについてのエピソード】

・あまり長く煮ないこと　　　　母がよく作ってくれた。一人暮らしをする

・にんじんやしらたきを入れても　ようになり、母にレシピを教えてもらって

　おいしい。　　　　　　　　　作ってみた。やっぱり母の味にはかなわない。

【料理名】　＿＿＿＿＿＿＿＿＿＿＿＿＿＿＿＿＿＿＿＿＿＿＿＿＿＿＿＿＿

【紹介文】

_____

_____

【料理の写真や絵】

【材料】（＿＿＿人分）

_____

_____

_____

【作り方】

①	②	③	④
____	____	____	____
____	____	____	____
____	____	____	____
____	____	____	____

【ポイント】

_____

_____

_____

【レシピについてのエピソード】

_____

_____

_____

これもやってみよう！ ・・・

・書いたレシピを料理サイトやSNSに投稿しましょう。
・レシピを書いた料理を実際に作ってみましょう。
・あなたの「おふくろの味」「ソウルフード」のレシピを書いてみましょう。

▶ 活動を終えて　〜発表しよう〜 📢

料理のレシピについて3ステップ（導入→説明→結び）にまとめて、発表しましょう。

導入	こんにちは。[名前] .... です。 私は［料理の名前］.................................. の作り方について紹介します。 この料理は［説明］.. 。
説明	材料は、［材料］... .... 次に作り方を説明します。 　まず、.. 　次に .... 　それから、.. 　最後に、... 作るときのポイントは、［ポイント］.. ....
結び	この料理は、［エピソード］.. .... みなさんもチャンスがあったら、.......................... を作ってみてください。 これで私の発表を終わります。

⌐ **これもやってみよう！** ┐..

・料理を作ったり、できた料理の食レポをしたりしている動画を撮影して、動画共有サイトに投稿してみましょう。

語彙リスト

	ことば	英語	中国語	ベトナム語
1	和食	Japanese food/cuisine	日本菜	món ăn Nhật
2	伝統的（な）	traditional	传统的	mang tính truyền thống
3	庶民的（な）	ordinary; common; middle-classed	大众的	mang tính bình dân
4	自然豊かな	rich in nature	自然资源丰富的	thiên nhiên phong phú
5	食材	cooking ingredient	食材	nguyên liệu nấu ăn
6	食生活	eating habits	饮食生活	cuộc sống ẩm thực
7	豊富な	abundant; plentiful	丰富的	phong phú
8	要素	element	要素	yếu tố
9	禁止（する）	to ban	禁止	sự cấm đoán
10	習慣	custom; habit	习惯	thói quen, phong tục
11	ヘルシーフード	healthy food	健康食品	thức ăn có lợi cho sức khỏe
12	発酵食品	fermented food	发酵食品	thực phẩm lên men
13	旬	season	时鲜	mùa
14	油分	fat; oil content	含油量。油脂。	thành phần dầu
15	味	flavor; taste	味道。口味。	vị
16	食レポ	food reportage; food review	品尝并介绍食物	cảm tưởng về món ăn
17	検索（する）	search (to search)	搜索。查找。	sự tra cứu
18	食感	food texture; mouthfeel	口感	cảm giác khi ăn
19	匂い	smell; scent	气味	mùi
20	注文（する）	to order	订购	sự đặt (hàng, món ăn)
21	調味料	seasoning	调料	gia vị
22	道具	tool	用具。工具。	dụng cụ
23	レシピ	recipe	食谱	công thức nấu ăn
24	材料	ingredient	材料	nguyên vật liệu
25	おふくろの味	(taste of) mother's home cooking	妈妈菜的味道	hương vị quen thuộc
26	ソウルフード	soul food	地方特色菜	món ăn truyền thống của người Mỹ da đen ở miền Nam nước Mỹ

P.22 1の答え： ①天ぷら ②ラーメン ③すし ④お好み焼き ⑤そば ⑥すき焼き
P.22 2の答え： ①c ②b ③e ④a ⑤d
P.28 3の答え： ①砂糖 ②塩 ③しょうゆ ④みそ
P.29 4の答え： ①c ②e ③a ④d ⑤b

3章

地域の文化・産業を学ぶ

1. あなたが住んでいる地域に次のものがありますか。

博物館 ／ 美術館 ／ 郷土資料館
観光案内所 ／ 道の駅 ／ 歴史的な建物

2. あなたが住んでいる地域の特産品を
知っていますか。

3. あなたが住んでいる地域出身の
有名な人を知っていますか。

☑ ウォームアップ

1. 次(つぎ)の都道府県(とどうふけん)の特産品(とくさんひん)を調(しら)べてみましょう。

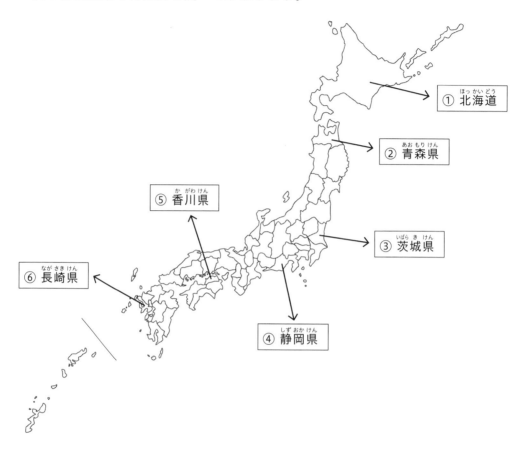

① 北海道(ほっかいどう)
② 青森県(あおもりけん)
⑤ 香川県(かがわけん)
③ 茨城県(いばらきけん)
⑥ 長崎県(ながさきけん)
④ 静岡県(しずおかけん)

2. 1で調(しら)べた特産品(とくさんひん)が、なぜその地域(ちいき)の特産品(とくさんひん)になったのか調(しら)べてみましょう。

 あなたの国(くに)や住(す)んでいる地域(ちいき)の特産品(とくさんひん)について、みんなに紹介(しょうかい)しましょう。

☑ 活動1：地域の文化を知る

今、住んでいる地域の文化について、調べて発表しましょう。

▶ 活動の前に　～調べよう～ 🔍

あなたが住んでいる地域のさまざまな文化について調べましょう。

カテゴリー	あなたの地域（＿＿＿＿＿＿＿＿＿＿＿）
① 特産品	
② 有名なところ、観光地 （城、寺、神社）	
③ イベント、行事（祭り）	
④ 方言	
⑤ 有名な人（偉人）	
⑥ ご当地キャラクター	
⑦ その他 （　　　　　　）	

▶ やってみよう　～調べよう～ 🔍

前のページで調べたカテゴリーの中から、気になるものを一つ選び、さらに詳しく調べましょう。

【 メ モ 】

1. 選んだもの： ....

2. 選んだ理由： ....

....

....

3. 調べたこと： ....

....

....

....

....

....

....

4. コメント： ....

....

....

....

これもやってみよう！

・実際に物産館や郷土資料館に行って、どのようなものがあるか調べてみましょう。
・地域の人にインタビューをして、地域のことを教えてもらいましょう。

▶ 活動を終えて　〜発表しよう〜 📢

調べたことを3ステップ（導入→説明→結び）にまとめて、発表しましょう。

導入	こんにちは。［名前］ .... です。 私は［選んだもの］ .... について 調べたので、紹介したいと思います。
説明	［選んだ理由］ .... ［調べたこと］ ....
結び	［コメント］ .... ご意見、ご質問があったらよろしくお願いします。 これで私の発表を終わります。

⎰ **これもやってみよう！** ⎱ ....

・あなたが調べたことについて、SNSなどに投稿してみましょう。
・みんなが調べたものを集めて、ご当地ガイドブックを作ってみましょう。

☑ 活動2：ものづくりの現場を見学する

ものづくりの現場を見に行って、作り方を学びましょう。
そして、見学や体験を通して、地域のものづくりについて考えましょう。

▶ 活動の前に　〜質問をまとめよう〜　✎

どこに見学に行くか決める

1. あなたの住んでいる地域でどのようなものを生産しているか、調べましょう。
   （農産物、食品、工業製品、工芸品など）

2. 見学に行く場所を決めて、聞いてみたいことをまとめましょう。

どこで　（例：酒蔵）...

誰に　（例：働いている人）...

聞いてみたいこと

　① ....

　② ....

　③ ....

　④ ....

▶ やってみよう　〜見学・体験しよう〜 🏳

1. 見学・体験してわかったことや聞いたことをメモしたり、写真を撮ったりしましょう。

【メモ】

・興味深いと感じたこと	
・作り方 ・設備、道具 ・働いている人の様子	
・働いている人に 　聞いたこと	

2. 見学・体験した感想をまとめましょう。

▶ 活動を終えて　〜見てきたものをまとめよう〜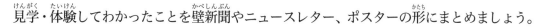

見学・体験してわかったことを壁新聞やニュースレター、ポスターの形にまとめましょう。

どんな記事にするか考えよう

1. 内容を考えましょう。

- _____

- _____

- _____

- _____

2. どの内容をどこに書くかレイアウトを決めましょう。

┌──┐
│   │
│   │
│   │
│   │
│   │
│   │
│   │
│   │
└──┘

『 これもやってみよう！ 』...

- あなたの出身地にもこれと似たものづくりがあれば、紹介してみましょう。
- 見学や体験でお世話になった人にお礼の手紙を書いてみましょう。

o column

いろいろな現場〜ものづくりの現場を体験する〜

[例1] 酒
ビール工場やワイナリーでは、ガイドが工場内施設を案内しながら製造工程を説明してくれることが多いです。日本酒を作る酒蔵も人気があります。酒造りを冬場に行うため春から夏の間は見学ができない場合もあります。酒を試飲できるところもあります。

[例2] 農業
果物の農園では季節に合わせていちご狩りやぶどう狩り、りんご狩りなどを楽しむことができます。農業体験として、田植えや稲刈りの体験ができるところもあります。

[例3] 伝統工芸
織物、染物、陶磁器、切子、和紙漉き、三味線、人形などの製作工程の見学や体験ができます。

語彙リスト

	ことば	英語	中国語	ベトナム語
1	地域	community; area; region	地区	khu vực
2	産業	industry	产业	ngành nghề
3	博物館	museum	博物馆	viện bảo tàng
4	美術館	art museum	美术馆	bảo tàng mỹ thuật
5	郷土資料館	local/regional/folk museum	乡土资料馆	bảo tàng địa phương
6	観光案内所	tourist information center	旅游咨询服务中心	trung tâm giới thiệu du lịch
7	道の駅	Michi-no-eki, roadside rest area	干线公路驿站	trạm dừng nghỉ
8	特産品	local speciality goods/foods	土特产	đặc sản
9	城	castle	城堡	lâu đài, thành trì
10	行事	event	例行活动	sự kiện
11	方言	dialect	方言	tiếng địa phương
12	偉人	a great man	伟人	vĩ nhân
13	ご当地	local	当地	vùng này (cách nói lịch sự)
14	現場	site; scene	现场	hiện trường
15	農産物	agricultural products	农产品	nông sản
16	工業製品	industrial products	工业产品	sản phẩm công nghiệp
17	工芸品	artifact; craft products	工艺品	hàng mỹ nghệ
18	酒蔵	sake brewery; wine sellar	酒窖。酿酒厂。	nhà máy sản xuất rượu
19	設備	equipment	设备	thiết bị
20	工場	factory	工厂。制造厂。	nhà xưởng, công trường
21	施設	facility	设施	cơ sở hạ tầng, công trình
22	製造	production; manufacture	制造。生产。	chế tạo
23	工程	process	工序。流程。	công đoạn
24	試飲	tasting; sampling (drinks)	试饮。品尝。	sự uống thử, sự nếm thử
25	農園	agricultural farm; plantation	农场	nông trại
26	田植え	rice planting	插秧	trồng lúa
27	稲刈り	rice harvesting	收割水稻	cắt lúa
28	織物	textile; fabric	纺织品	vải dệt
29	染物	dyed goods	染色布	vải nhuộm
30	陶磁器	ceramic	陶瓷器	gốm sứ
31	切子	Kiriko, facet	玻璃雕花工艺。切子。	vụn cắt
32	和紙漉き	Japanese paper making	制作和纸	nghệ thuật làm giấy Nhật Bản
33	三味線	Shamisen, a three-stringed Japanese musical instrument	三味线	đàn tam Nhật Bản (nhạc cụ ba dây)
34	製作	production	制作。生产	sự chế tác

4章

しょう

地域の人と交流する

ち いき　　　ひと　　　こう りゅう

1. あなたの国では、地域や学校でしている活動がありますか。
   くに　　　　　　ち いき　　がっこう　　　　　　　かつどう
   どんな活動ですか。
   かつどう

2. 日本人とSNSや手紙などで交流したことがありますか。
   に ほんじん　　　　　　て がみ　　　　　こうりゅう

☑ ウォームアップ

次のイラストの中で、やったことがあるものや知っているものはありますか。

① 茶道

② コーラス

③ 囲碁

④ 柔道

⑤ バドミントン

⑥ バレーボール

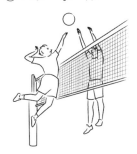

 ・あなたが参加したい活動や興味がある活動はありますか。
・日本人と交流するためにはどうすればいいと思いますか。

☑ 活動1：地域の活動に参加する

ここでは、地域の活動を通じて日本文化や日本人の考え方などを学びます。日本人にインタビューをしてさらに理解を深めましょう。

▶ 活動の前に　～調べよう～ 🔍

1. あなたが住んでいる地域でどんな活動をしているか検索しましょう。参加するにはどうすればいいかなどの条件も確認しましょう。

例：地域名（　渋谷　）+ 活動名（　卓球　）

地域名		活動名	
活動日／場所			
参加方法			
費用			

2. 大勢の前で自己紹介ができるように練習しましょう。

みなさん、はじめまして。 .... と申します。

.... と呼んでください。

.... の .... から来ました。

今、.. ています。

家族は .... と私の .... 人です。

.... ので日本へ来ました。

.... に日本へ来て、今、........................... に住んでいます。

私の趣味は .... （こと）です。

みなさん、これからどうぞよろしくお願いします。

▶ やってみよう　〜参加しよう〜 🚩

・参加したい活動が決まったら、その団体に連絡して実際に活動に参加しましょう。
・見学したり、実際に参加したりしたことをまとめましょう。

【 メ モ 】

団体の名前	
見学日／場所	
参加メンバー	
活動内容	
メンバーと話したこと	
感想	

▶ 活動を終えて　〜発表しよう〜 📢

活動した内容について結果を3ステップ（導入→説明→結び）にまとめて、発表しましょう。

導入	みなさん、こんにちは。[名前] .... です。 私たちは [いつ] ....、[どこで] ....、 [活動の名前] .... の体験をしました。 その内容と感じたことについて発表したいと思います。
説明	参加したメンバーは .... です。 私たちは、まず[活動内容] ....。 次に、... ....。 そして、... ....。 [感想] ....。
結び	[あいさつ] これで私たちの発表を終わります。 ご意見やご質問があったらお願いします。 ありがとうございました。

4章

☑ 活動2：交流会を開く

地域の人を招待して交流会を開きましょう。参加してくれた人にはお礼状も書きましょう。

▶ 活動の前に　～計画を立てよう～ ✎

1. どんな人を呼ぶか考えましょう。

2. どんなことをするか考えましょう。

3. 招待状やポスターを作りましょう。

4. どんなことを話すか、質問の仕方や答え方を練習しましょう。

▶ やってみよう　～交流会～ ⚑

どんな交流ができたか、話したことや感想をメモしましょう。

来てくれた人	
交流内容	
話したこと	
感想	

▶ 活動を終えて　〜お礼状を書こう〜 ✎

交流会に参加してくれた人にお礼の手紙やメールを書いて送りましょう。

例：　　茶道の先生　　に

①相手の名前 　自分の名前	山田先生 〇〇大学の田中です。
②あいさつ	お元気ですか。
③お礼（1）	先日はお茶を教えていただき、どうもありがとうございました。
④感想	はじめてお茶を飲みましたが、とてもおいしかったです。 お菓子もきれいでおいしかったです。
⑤お礼（2）	本当にありがとうございました。
⑥終わりのあいさつ	しばらく寒い日が続きますが、お元気でお過ごしください。
⑦自分の名前	田中花子

＿＿＿＿＿＿＿＿＿＿＿＿＿＿＿＿＿＿＿＿＿ に

①相手の名前 　自分の名前	
②あいさつ	
③お礼（1）	
④感想	
⑤お礼（2）	
⑥終わりのあいさつ	
⑦自分の名前	

地域の活動／クラブ活動

何か新しい趣味を始めてみたいと思ったとき、インターネットで検索してみると、自分の住んでいる地域でさまざまな活動が行われていることがわかるでしょう。写真、コーラス、英会話、料理、バレーボール、テニスなどさまざまなサークルがありますが、公共施設などで行われることが多く、会費も手ごろなため、若い人から年配の人まで気軽に参加することができます。

また、日本の中学校や高校では部活動も盛んです。部活動は大きく運動系と文化系とに分かれます。部活動はアニメや映画の題材になることも多く、海外でも有名になった作品があります。

語彙リスト

	ことば	英語	中国語	ベトナム語
1	交流 (する)	to exchange; to interact	交流	sự giao lưu
2	参加 (する)	to participate	参加	sự tham gia
3	興味	interest	兴趣	sự quan tâm, sự hứng thú
4	自己紹介 (する)	to introduce oneself	自我介绍	việc tự giới thiệu
5	団体	organization	团体	đoàn thể
6	交流会	exchange meeting; social gathering	交流会	hội giao lưu
7	招待 (する)	to invite	邀请	việc mời
8	お礼状	thank-you letter	感谢信	thư cảm ơn
9	計画を立てる	make a plan	订计划	lập kế hoạch
10	招待状	Invitation	邀请函	giấy mời
11	趣味	hobby	爱好。兴趣。	sở thích
12	サークル	circle; club	同好会	câu lạc bộ thể thao ở trường Đại học
13	公共施設	community/public facility	公共设施	công trình công cộng
14	会費	membership fee	会费	phí hội viên
15	手ごろな	affordable; handy; convenient	合适。负担得起。	vừa phải, phải chăng
16	年配の人	older people	年长者。老年人。	người cao tuổi
17	気軽に	freely; casually	轻松愉快地	thoải mái
18	部活動	extracurricular activity	社团活动	hoạt động câu lạc bộ
19	盛んな	active	兴盛。活跃。	thịnh hành
20	運動系	athletic; sports-oriented	运动类。和运动相关的。	liên quan đến vận động
21	文化系	liberal-arts-oriented; culture oriented	文化类	liên quan đến văn hóa
22	題材	theme; subject matter	题材	đề tài

5章

災害に備える

1. 「自然災害」と聞いて、何をイメージしますか。

2. 携帯電話から「緊急地震速報」の音が聞こえてきました。あなたはどうしますか。

☑ ウォームアップ

次(つぎ)のイラストはどのような災害(さいがい)ですか。下(した)のa〜fから選(えら)びましょう。

①＿＿＿＿＿

②＿＿＿＿＿

③＿＿＿＿＿

④＿＿＿＿＿

⑤＿＿＿＿＿

⑥＿＿＿＿＿

```
a. 津波(つなみ)    b. 地震(じしん)    c. 噴火(ふんか)    d. 台風(たいふう)    e. 洪水(こうずい)    f. 落雷(らくらい)
```

・上(うえ)の災害(さいがい)のほかに、知(し)っている災害(さいがい)はありますか。
・あなたの国(くに)で起(お)きた災害(さいがい)について教(おし)えてください。(いつ、どこで、どんな)

☑ 活動1：災害について学ぶ

自然災害が多い日本には、各地に防災訓練ができる施設があります。ここでは災害について学び、防災の意識を高めましょう。

▶ 活動の前に　～日本の災害について知ろう～ 🔍

1. 2011年に日本で起きた「東日本大震災」について調べましょう。

	東日本大震災
起きた日時	
大きさ	
死者	
壊れた建物	
被害の特徴	

2. 世界で起きるマグニチュード6以上の地震の20％は日本で起きています。なぜ日本は地震が多いのか考えましょう。

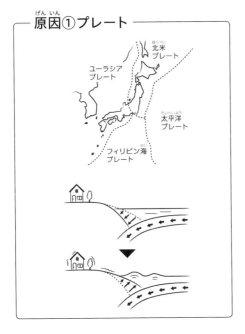

原因①プレート

北米プレート
ユーラシアプレート
太平洋プレート
フィリピン海プレート

原因②火山の多さ

△ 活火山
▲ 常時観測火山

出典：気象庁「火山監視・警報センターにおいて火山活動を24時間体制で監視している火山（常時観測火山）」をもとに加工して作成

▶ やってみよう　〜体験しよう〜 ⚑

実際に防災訓練ができる施設に行って、体験しましょう。わかったことを書きましょう。

＜地震体験＞

1. 地震が起きたら、どうしますか。

　　【家の中で】

　　【家の外で】

2. 地震体験はどうでしたか。

＜消火体験＞

1. 火事が起きたら、どうしますか。

2. 消火体験はどうでしたか。

＜煙体験＞

1. ホテルやデパートなどで火事が起きたら、どうしますか。

2. どうやって逃げますか。

3. 煙体験はどうでしたか。

＜応急手当体験＞

1. 近くにいる人が倒れたら、どうしますか。

2. 応急手当体験はどうでしたか。

▶ 活動を終えて　〜学んだことを発信しよう〜 📢

防災体験で学んだことを周りの人に発信しましょう。

体験内容	伝えたいこと

⌈ これもやってみよう！ ⌉ ···

・自分の住んでいる家（部屋）は災害が起きたときに安全か、調べてみましょう。
・防災のために、今からしておけることはどんなことか考えてみましょう。
　（例：防災グッズをそろえる、家具の転倒防止をするなど）

☑ 活動2：災害が起きたとき、どうする？

ここでは災害が起きたときに、役に立つ情報を調べましょう。

▶ 活動の前に　〜住んでいる場所のことを調べよう〜 🔍

1. あなたが住んでいる地域の「避難所」はどこか確認しましょう。

2. あなたが住んでいる地域の「ハザードマップ」を調べましょう。

    検索ワード：「ハザードマップ」＋「①〜⑤の災害」＋「地域名」

    > ①地震　　②洪水　　③津波　　④火災　　⑤火山

3. ハザードマップで危険とされている場所がなぜ危険なのか調べましょう。

4. 避難するときにどんなものを持って行ったらいいか調べましょう。

5. 外国人向けの災害情報サイトにはどんなものがあるか調べましょう。

▶ やってみよう　〜避難ルートを考えよう〜 ✏

ハザードマップに載っている危険な場所や避難所に実際に行ってみて、安心して避難できるようなルートを考えましょう。

避難マップの例

_____ の避難マップ

▶ 活動を終えて　〜発表しよう〜 📢

調べたことを3ステップ（導入→説明→結び）にまとめて、発表しましょう。

導入	こんにちは。[名前] .... です。 私は [調べたこと] .... について 調べたので、紹介したいと思います。
説明	[調べたこと] ....
結び	[コメント] .... ご意見、ご質問があったらよろしくお願いします。 これで私の発表を終わります。

{ **これもやってみよう！** } ....

・あなたが調べたことを、地域に住んでいる外国人に向けてSNSなどで発信してみましょう。
・地域の防災訓練に参加してみましょう。
・過去に起きた災害時の「デマ」や「フェイクニュース」について調べてみましょう。

災害とデマ

災害が発生したときには、「デマ」や誤った情報が広がりやすくなります。

2011年3月の東日本大震災では、「外国人の犯罪が増えている」「製油所が爆発して有害な雨が降ってくる」などのデマがSNSなどを通して広がりました。また、2016年4月に熊本で起きた地震では、「動物園からライオンが逃げた」「〇時間以内に大きな地震がまた来る」などのデマが広がりました。さらに、2020年の新型コロナ感染症拡大では、レストランや店、病院などが風評被害を受けたり、「トイレットペーパーがなくなる」というデマから人びとが買い占めに走ったりしました。

災害が起きると不安な状況が続き、いろいろな情報が発信されますが、中にはあやしい情報のメールやメッセージがあります。本当かどうかわからない情報はすぐに信じたりせず、一度自分の中で考えて、むやみに広げないようにしましょう。

5章

P.54の答え：① d ② a ③ b ④ f ⑤ c ⑥ e

語彙リスト

	ことば	英語	中国語	ベトナム語
1	災害	disaster	灾害	thảm họa, thiên tai
2	備える	to prepare	准备。做好准备。	chỉnh trang, chuẩn bị
3	自然災害	natural disasters	自然灾害	thảm họa tự nhiên
4	イメージ（する）	to imagine	想象	sự hình dung, sự tưởng tượng
5	携帯電話	mobile phone	手机	điện thoại di động
6	地震警報	earthquake warning/alarm	地震预警	cảnh báo động đất
7	津波	tsunami	海啸	sóng thần
8	洪水	flood	洪水	lũ lụt
9	落雷	lightning strike; thunderbolt	打雷。雷击。	sấm sét
10	防災訓練	emergency drill; evacuation exercise	防灾演练	tập huấn phòng chống thiên tai
11	プレート	plate	板块	tấm
12	消火	fire extinguishing	灭火	chữa cháy
13	煙	smoke	烟。烟雾。	khói
14	応急手当	first aid	应急处理	sơ cứu
15	家具	furniture	家具	đồ nội thất
16	転倒防止	tip-prevention; anti-tip	防止家具倾倒	chống rơi, đổ
17	避難所	evacuation shelter	应急避难场所	nơi lánh nạn
18	ハザードマップ	hazard map	灾害预测图	bản đồ nguy hiểm
19	避難（する）	to evacuate	避难	sự lánh nạn
20	（外国人）向け	intended for (foreigners)	面向（外籍人士）	dành cho (người nước ngoài)
21	載る	to appear on	登载。刊登。	được đăng lên, được chất lên
22	デマ	false rumor	谣言	tin đồn sai sự thật
23	フェイクニュース	fake news	假新闻	tin giả
24	誤った	incorrect; false	错误的	sai
25	犯罪	crime	犯罪	tội phạm
26	製油所	refineries	炼油厂	nhà máy lọc dầu
27	爆発（する）	explosion (to explode)	爆炸	sự phát nổ
28	有害な	toxic; hazardous; harmful	有害的	có hại
29	広がる	spread	扩散。蔓延。	mở rộng
30	逃げる	escape; flee	逃跑。逃逸。	bỏ chạy
31	新型コロナ感染症	COVID-19; Coronavirus disease 2019	新型冠状病毒感染	dịch corona chủng mới
32	拡大	expand	扩大。扩充。	mở rộng
33	風評被害	harmful rumors	因谣言而造成的损失	thiệt hại do những lời đồn đại
34	買い占め	buying up (goods)	囤积居奇	ôm hàng (mua vào rất nhiều)
35	あやしい	suspicious	可疑。奇怪。	kỳ quặc
36	信じる	to believe	相信	tin tưởng
37	むやみに	immoderately; without any reason	轻率。欠考虑。	quá mức, trên mức cần thiết

6章

伝統文化に触れる

1. 「伝統文化」と聞いて、何をイメージしますか。

日本：

あなたの国：

2. 日本の伝統文化を体験したことがありますか。

☑ ウォームアップ

<ruby>次<rt>つぎ</rt></ruby>の<ruby>日本<rt>にほん</rt></ruby>の<ruby>伝統文化<rt>でんとうぶんか</rt></ruby>の<ruby>名前<rt>なまえ</rt></ruby>を<ruby>知<rt>し</rt></ruby>っていますか。<ruby>下<rt>した</rt></ruby>のa〜fから<ruby>選<rt>えら</rt></ruby>びましょう。

① ＿＿＿＿＿＿＿＿＿

② ＿＿＿＿＿＿＿＿＿

③ ＿＿＿＿＿＿＿＿＿

④ ＿＿＿＿＿＿＿＿＿

⑤ ＿＿＿＿＿＿＿＿＿

⑥ ＿＿＿＿＿＿＿＿＿

a.<ruby>落語<rt>らくご</rt></ruby>　　b.<ruby>日本舞踊<rt>にほんぶよう</rt></ruby>　　c.<ruby>相撲<rt>すもう</rt></ruby>　　d.<ruby>三味線<rt>しゃみせん</rt></ruby>　　e.<ruby>能<rt>のう</rt></ruby>　　f.<ruby>歌舞伎<rt>かぶき</rt></ruby>

 あなたの<ruby>国<rt>くに</rt></ruby>にも、<ruby>上<rt>うえ</rt></ruby>の<ruby>伝統文化<rt>でんとうぶんか</rt></ruby>と<ruby>似<rt>に</rt></ruby>ているものはありますか。

☑ 活動1：伝統文化を知る

日本の伝統文化について、興味のあるものを調べて発表しましょう。

▶ 活動の前に　～見てみよう～ 🚩

・日本の伝統文化の中から興味のあるものを一つ選んで、インターネットで動画を探しましょう。
・どんな様子（音や動きなど）か見てみましょう。そして感想を言いましょう。

選んだもの （その理由）	
感想	例：おもしろい、つまらない、上手だ、きれいだ、 　　すてきだ、難しい、激しい、怖い、変だ、切ない　など

▶ やってみよう　～調べよう～ 🔍

次に、上で選んだものの歴史や特徴などを調べましょう。

歴史	
特徴	

┌ これもやってみよう！ ┐ ....

・機会があれば、実際に歌舞伎や文楽、能などを見に行ってみましょう。
・歌舞伎や文楽、能などで使用されている楽器（三味線、琴、尺八など）を調べてみましょう。

▶ 活動を終えて　〜発表しよう〜 📣

調べたことを3ステップ（導入→説明→結び）にまとめて、発表しましょう。

導入	こんにちは。[名前] .... です。 私は [調べたもの] .... について 調べたので、紹介したいと思います。
説明	[選んだ理由] .... [調べたこと] ....
結び	[コメント] .... ご意見、ご質問があったらよろしくお願いします。 これで私の発表を終わります。

☑️ 活動2：伝統衣装を知る

日本の伝統衣装である着物について学びましょう。そして、あなたの国の伝統衣装と比べましょう。

▶ 活動の前に　～着物について知ろう～ 📖

「着物」を着るときに使うものの名前を知っていますか。調べましょう。

着物

①

②

③

着物と浴衣

●着物

　着物は、日本の伝統的な民族衣装です。現在、日本人のほとんどは洋服を着て生活していますが、大学の卒業式、成人式、結婚式などで着物を着ることがあります。着方が難しいため、人に着せてもらったり、着付け教室に習いに行ったりする人もいます。

●浴衣

　浴衣は、夏に着るシンプルな着物で、綿で作られています。浴衣は着物に比べると安く、大型のスーパーなどでも買うことができます。夏祭りや花火大会のときに着る人が多く、若い人に人気があります。

　温泉や日本旅館へ行くと、寝巻きとして簡易的な浴衣が用意されているところもあります。

▶ やってみよう　～着よう～ 🚩

・イラストや動画などを見て、浴衣を着てみましょう。
・着たときの感想やあなたの国の伝統衣装との違いを比べて、まとめてみましょう。

浴衣の着方

	日本の伝統衣装	あなたの国の伝統衣装
伝統衣装の名前	着物	
特徴 （色、素材、形など）		
歴史		
どんなときに着るか （今も着るかなど）		

【これもやってみよう！】..

・日本の若い人に、着物に対する意識をインタビューしてみましょう。

▶ 活動を終えて　〜発表しよう〜 📢

日本とあなたの国の伝統衣装について、比較しながら発表しましょう。

私は（　　　　　　　　）と（　　　　　　　　）を比べて話したいと思います。

まず、...

....

....

それに対して ....

....

....

私は ....

....

....と思います。

P.64の答え：①c ②f ③d ④b ⑤e ⑥a
P.67の答え：①帯 ②足袋 ③草履

語彙リスト

	ことば	英語	中国語	ベトナム語
1	伝統文化	traditional culture	传统文化	văn hóa truyền thống
2	触れる	to (come in) touch (with)	接触	tiếp xúc, chạm
3	落語	Rakugo, traditional comic story telling	落语	nghệ thuật tấu hài (truyền thống) của Nhật Bản
4	日本舞踊	Classical Japanese dance	日本舞蹈	múa truyền thống Nhật Bản
5	相撲	sumo wrestling	相扑	Sumo
6	能	Noh (play)	能。能乐。	kịch Noh (kịch truyền thống Nhật Bản)
7	歌舞伎	Kabuki	歌舞伎	kịch Kabuki (kịch truyền thống Nhật Bản)
8	音	sound	声音。声响。	âm thanh
9	動き	movement	动作。举止。	cử động
10	感想	impressions; thoughts	感想	cảm tưởng
11	文楽	Bunraku, Japanese puppet theater	文乐	múa rối Bunraku của Nhật Bản
12	琴 (箏)	koto, Japanese herp	七弦琴 (十三弦古筝)	đàn Koto (đàn tranh truyền thống của Nhật Bản)
13	衣装	costume	服装。着装。	trang phục
14	着物	kimono	和服	Kimono (trang phục truyền thống của Nhật Bản)
15	浴衣	yukata	日本浴衣。棉布单和服。	Yukata (trang phục truyền thống mặc mùa hè của Nhật Bản)
16	民族	ethnic group	民族	dân tộc
17	卒業式	graduation/ commencement ceremony	毕业仪式	lễ tốt nghiệp
18	成人式	coming-of-age celebration	成人节庆典	lễ trưởng thành
19	結婚式	wedding	婚礼	lễ kết hôn
20	着付け	kimono dressing	穿和服	vận trang phục, vận cho mình hoặc người khác
21	綿	cotton	棉布	bông
22	日本旅館	Japanese inn	日式旅馆	nhà trọ truyền thống của Nhật Bản
23	寝巻き	pajamas; nightwears	睡衣	quần áo ngủ
24	簡易的 (な)	simple	简化的	một cách đơn giản
25	素材	fabric; material	材料	chất liệu, đề tài

7章

季節のイベントを
体験する

1. あなたの国の代表的な季節のイベントはどんなものですか。

2. あなたの国では新年をどのように祝いますか。
何か特別なことをしますか。

☑ ウォームアップ

1. 次のイラストは日本の季節のイベントの例です。どのようなイベントか知っていますか。

① 初詣

② 節分

③ お花見

④ 花火大会

⑤ 七夕

⑥ ハロウィーン

2. 日本には、季節に合わせていろいろなイベントがあります。1で紹介したイベント以外にどんなイベントがあるか、調べましょう。

季節	イベント	活動内容やイベント情報
春	例：花見	
夏		
秋		
冬		

 あなたの国では、どんな季節のイベントがありますか。

☑ 活動1：お正月① 書き初め

お正月に書道で抱負や目標を書く、「書き初め」を体験しましょう。

▶ 活動の前に 〜書道について知ろう〜 📖

「書道」とは

　書道は、日本語の文字を美しく書く芸術です。墨をつけた筆を使って、漢字や仮名（ひらがなやカタカナ）を書きます。

　書道は、もともと中国で始まりました。紙や墨、筆を作る技術とともに奈良時代末期（8世紀ごろ）に日本へ伝わり、平安時代中期（10〜11世紀ごろ）に日本風の書道が発展しました。当初、書道は文化人が身につけるべき大切な教養の一つとされましたが、江戸時代（17〜19世紀）には、一般の人びとにも広がりました。

　現在でも、小学校の授業で書道の基礎を習います。

次の①〜⑥は「書道」の道具です。何に使うか考えましょう。

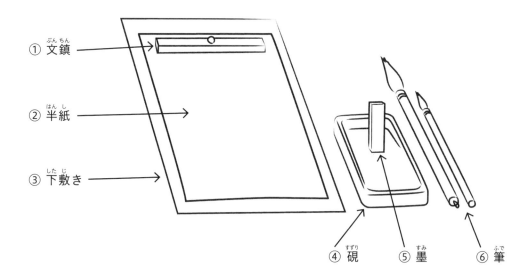

① 文鎮
② 半紙
③ 下敷き
④ 硯
⑤ 墨
⑥ 筆

▶ やってみよう　〜書道に挑戦！〜 🚩

書道のポイント
- 書き順… 左から右、上から下
- 始めと終わりが大切！
- 一回勝負（途中で直すことができない）
- 正しい姿勢と持ち方が大切！

1. 「とめ」「はね」「はらい」の書き方を練習しましょう。

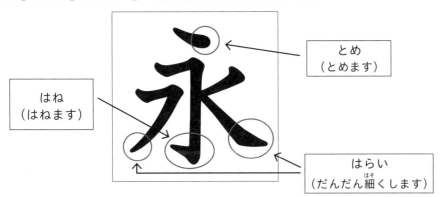

とめ
（とめます）

はね
（はねます）

はらい
（だんだん細くします）

2. 自分で好きな字やことば、目標などを書いてみましょう。

▶ 活動を終えて　〜発表しよう〜 📣

あなたが書いた字を見せながら、発表しましょう。

なぜこの字やことばを選びましたか	
うまく書けましたか	
難しかったことは何ですか	
書道はどうでしたか	

☑ 活動2：お正月② 年賀状

お世話になった人に年賀状を書きましょう。

▶ 活動の前に ～年賀状について知ろう～ 📖

「年賀状」とは

　　年賀状は、新年のあいさつを書いて送るはがきのことです。前の年にお世話になった
ことを感謝し、新しい年の健康と幸せを祈ります。新年に届くように、12月25日ごろ
までに出します。最近では、メールやSNSが普及したため、年賀状を出す人が減って
きています。
　　家族に不幸があったとき（亡くなったとき）には、年賀状を出さないのがマナーとさ
れています。

表（宛名）　　　　　　　　　　　　　裏（本文）

▶ やってみよう ～年賀状を書こう～ 🚩

年賀状のあいさつ表現

● あけましておめでとうございます
● 今年もどうぞよろしくお願いいたします
● よい1年になりますように

● 昨年は大変お世話になりました
● ご健康とご多幸をお祈りします

年賀状の書き方

表（宛名）

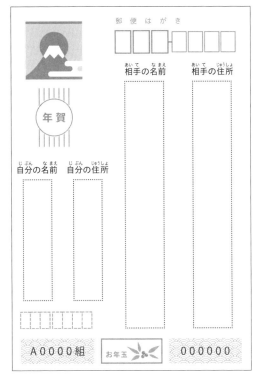

裏（本文）

7章

はがきに書いてみよう

今年お世話になった人に、年賀状を書きましょう。

▶ 活動を終えて　～日本人にインタビュー～

日本人に「年賀状を書くかどうか」「最近の新年のあいさつ方法」などについてインタビューしてみましょう。

☑ 活動3：七夕

日本の季節のイベントについて学びましょう。ここでは、「七夕」について知り、願い事を書きましょう。

▶ 活動の前に　〜七夕について知ろう〜 📖

1. 「七夕伝説」を知っていますか。知っていることを話しましょう。

2. 絵を見ながら、「七夕伝説」のストーリーを説明しましょう。

①

②

③

④

3. 七夕の飾りにはどんな意味があるか、考えてみましょう。

┌─ これもやってみよう！ ─────────────────

・あなたの国の悲しいラブストーリーを紹介してください。
・七夕の有名な話を演じてみましょう。

▶ やってみよう　〜願い事をしよう〜

短冊に自分の願い事を書きましょう。

願い事の書き方

「〜ます + ように」
例：　<u>日本語が上手になり</u>　ますように。

.... ますように。

.... ますように。

短冊に書いてみよう

章

┌ これもやってみよう！ ┐ ....

・願い事について作文を書いてみましょう。

▶ **活動を終えて　〜短冊を飾ろう〜** 📣

願い事を書いた短冊を竹（笹）や教室に飾り、願い事について話してみましょう。

┌─ **これもやってみよう！** ┐ ....

・折り紙で実際に七夕飾りを作ってみましょう。
・住んでいる地域、または日本の有名な七夕祭りについて調べてみましょう。

語彙リスト

	ことば	英語	中国語	ベトナム語
1	季節	season	季节	mùa
2	新年	new Year	新年	năm mới
3	お正月	New Year	元旦。新年。	Tết
4	書き初め	Kakizome, the first writing of the New Year	新年首次挥毫	khai bút đầu năm
5	書道	(Japanese) calligraphy	书法	thư pháp
6	抱負	aspiration; resolution; goal	决心。愿望。	khát vọng, hoài bão
7	発展（する）	to develop	发展。进步。	sự phát triển
8	文化人	a cultured person	文化人	người trí thức, nhà hoạt động văn hóa
9	教養	education; educated knowledge	教养	sự giáo dục, sự bồi dưỡng
10	一般	general; common	一般。普通。	thông thường
11	年賀状	New Year's card	贺年卡	thiệp chúc tết
12	お世話になる	to become indebted	（给对方）添麻烦。受照顾。	được giúp đỡ
13	普及（する）	to become widespread	普及	sự phổ cập
14	あいさつ表現	greeting expressions	寒暄语	mẫu câu chào hỏi
15	宛名	address	收件人姓名（及住址）	họ tên, địa chỉ người nhận
16	七夕	Tanabata, the Star Festival	七夕	ngày lễ thất tịch (Tanabata)
17	願い事	wish	愿望。心愿。	ước muốn
18	伝説	legend; folk tales	传说	truyền thuyết
19	飾り	decoration	装饰。装饰品。	sự trang trí
20	折り紙	origami	折纸	nghệ thuật gấp giấy
21	ラブストーリー	love story	爱情故事	chuyện tình
22	演じる	to play; to perform	表演	diễn, diễn xuất

付録　活動のための日本語

Ⅰ. 文化体験のための活動例

① 場所やものを詳しく描写する
② 手順を説明する
③ 比較してコメントする
④ インタビューする
⑤ 調べた結果を発表する
⑥ 交流する
⑦ 手紙（お礼状）を書く

Ⅱ. 文化体験のための日本語表現

① 意見を言う
② 発表の司会をする
③ 質疑応答をする

★ 発表の自己チェックをする

Ⅰ. 文化体験のための活動例

①場所やものを詳しく描写する

▶ 場所を説明してみよう))〉

ポイントをメモしよう ··

例：鎌倉

①地名	・鎌倉
②アクセス	・東京から1時間
③歴史	・鎌倉時代（1185～1333年）の中心地
④特徴・雰囲気	・自然が多い ・前が海、後ろが山 ・寺や神社が多い ・静か
⑤見どころ （有名なもの）	・大仏 ・鳩サブレ ・和スイーツ

やってみよう

ポイントをメモしよう ･･･

①地名	
②アクセス	
③歴史	
④特徴・雰囲気	
⑤見どころ (有名なもの)	

例：鎌倉

導入	【あいさつ】	こんにちは。○○です。
	①地名	これから鎌倉について紹介したいと思います。
説明	②アクセス	鎌倉は東京から電車で1時間ぐらいのところにある人気スポットです。
	③歴史	1185年から1333年まで、日本の政治の中心地でした。 その時、初めて武士が政治をしました。
	④特徴・雰囲気	鎌倉は前が海、後ろが山なので、１年中美しい自然を楽しむことができます。 また、たくさんの寺や神社があるので静かで落ち着いています。
	⑤見どころ	大仏と竹林はとても人気があるスポットです。また、おいしい和食や和スイーツの店がたくさんあります。
結び	【コメント】	鎌倉は私が大好きな町です。 みなさん、週末、時間があったらぜひ鎌倉へ行ってみてください。
	【あいさつ】	これで私の発表を終わります。

やってみよう

構成を確認しよう ....

導入	【あいさつ】	
	①地名	
説明	②アクセス	
	③歴史	
	④特徴・雰囲気	
	⑤見どころ	
結び	【コメント】	
	【あいさつ】	

付録 I

▶ 買ったものや食べ物を説明してみよう))

{ ポイントをメモしよう } ....

例：きびだんご

①買ったもの・ 　食べたもの	きびだんご
②買った日・ 　食べた日	夏休み
③店の場所・名前	岡山駅から徒歩5分の所にある店
④店や客の様子	・店には人がたくさんいた ・みんなきびだんごを買っていた
⑤値段	1,000円
⑥特徴 　（見た目、味など）	・小さいお菓子 ・柔らかくて甘い
⑦エピソードや感想	「桃太郎」をクラスで読んだので、食べてみたいと思っていた

ポイントをメモしよう ....

①買ったもの・ 　食べたもの	
②買った日・ 　食べた日	
③店の場所・名前	
④店や客の様子	
⑤値段	
⑥特徴 　（見た目、味など）	
⑦エピソードや感想	

付録 I

導入	【あいさつ】	こんにちは。○○です。
	①買ったもの・食べたもの	これからきびだんごについて紹介したいと思います。
説明	②買った日・食べた日	夏休みに岡山へ旅行に行ったときに買いました。
	③店の場所・名前	岡山駅から徒歩5分のところにある店で買いました。
	④店や客の様子	有名な店なので、お客さんがたくさんいました。 お客さんはみんな「きびだんご」を買っていました。
	⑤値段	一箱1,000円でした。
	⑥特徴 （見た目、味 など）	きびだんごは「きび」というものから作られています。 小さくて柔らかくて甘いです。
	⑦エピソードや感想	日本語のクラスで「桃太郎」という日本の昔話を読みましたが、その中にきびだんごが出てきます。 これを食べると桃太郎のように強くなれるかもしれません。
結び	【コメント】	みなさんもチャンスがあったらきびだんごを食べてみてください。
	【あいさつ】	これで私の発表を終わります。

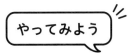

構成を確認しよう ....

導入（どうにゅう）	【あいさつ】	
	①買（か）ったもの・食（た）べたもの	
説明（せつめい）	②買（か）った日（ひ）・食（た）べた日（ひ）	
	③店（みせ）の場所（ばしょ）・名前（なまえ）	
	④店（みせ）や客（きゃく）の様子（ようす）	
	⑤値段（ねだん）	
	⑥特徴（とくちょう）（見（み）た目（め）、味（あじ）など）	
	⑦エピソードや感想（かんそう）	
結び（むすび）	【コメント】	
	【あいさつ】	

付録 I

Ⅰ. 文化体験のための活動例

②手順を説明する

▶ 手順を説明してみよう))

{ ポイントをメモしよう } ⋯⋯⋯⋯⋯⋯

例：　　卵焼きを作る　　　手順
①ボウルに卵を割り入れます。
②塩と砂糖を入れます。
③よく混ぜます。
④フライパンで焼きます。
⑤切ります。

{ 表現を確認しよう } ⋯⋯⋯⋯⋯⋯

まず

↓

次に

↓

それから／そして

↓

最後に

{ 構成を確認しよう } ⋯⋯⋯⋯⋯⋯⋯⋯⋯⋯⋯⋯

例：卵焼きの作り方

導入	みなさん、卵焼きを食べたことがありますか。 簡単に作れておいしいですから、紹介したいと思います。
説明	①まず、ボールに卵を割り入れます。 ②次に、塩と砂糖を入れます。 ③それから、よく混ぜます。 ④そして、フライパンに油を熱して焼きます。 ⑤最後に、切ります。
結び	卵焼きの味は、家庭によって違います。 冷めてもおいしいので、お弁当にもよく入れます。 ぜひみなさんも一度作ってみてください。

ポイントをメモしよう

手順	
①	
②	
③	
④	
⑤	

構成を確認しよう

付録 I

導入 どうにゅう	
説明 せつめい	①まず、_____ ②次に、_____ ③それから、_____ ④そして、_____ ⑤最後に、_____
結び むすび	

Ⅰ. 文化体験のための活動例

③比較してコメントする

▶ 二つのものごとを比べて話してみよう))

ポイントをメモしよう

例:「都会」と「田舎」

A (都会)	B (田舎)
・買い物に便利 ・大きな病院があって安心 ・人が多いので人間関係が薄くなる	・買い物に不便 ・空気や水がきれい ・住民の結びつきが強い

表現を確認しよう

・AとBを比べる/比較する
・Aは~。一方、/それに対して、Bは~。
・Aは~のに対して、Bは~。

構成を確認してまとめよう

> 私はA(都会)とB(田舎)を比べて話したいと思います。
>
> まず、都会には店がたくさんあって買い物するのに便利ですが、都会は人が多くて人間関係が薄くなるという問題点も抱えています。
>
> それに対して、田舎は店が少ないので買い物に不便ではありますが、人の結びつきが強いという利点もあります。
>
> 私は 住むなら、やはり田舎がいいと思います。

やってみよう

ポイントをメモしよう ┄┄┄┄┄┄┄┄┄┄┄┄┄┄┄┄┄┄┄┄┄┄┄┄┄┄┄┄┄┄┄┄┄┄┄┄┄

A （　　　　　　　）	B （　　　　　　　）

構成を確認してまとめよう ┄┄┄┄┄┄┄┄┄┄┄┄┄┄┄┄┄┄┄┄┄┄┄┄┄┄┄┄┄┄┄┄┄┄┄

私はA （　　　　　　　） とB （　　　　　　　） を比べて話したいと思います。

まず、┄┄┄

┄┄┄

┄┄┄

それに対して、┄┄

┄┄┄

┄┄┄

私は ┄┄

┄┄┄と思います。

付録 I

Ⅰ．文化体験のための活動例

④インタビューする

▶ インタビューして、その結果を発表してみよう 🔊

〈 インタビューの流れと表現を確認しよう 〉・・

流れ	表現
①話しかける	・すみません。 ・ちょっとよろしいでしょうか。 ・今、お時間ありますか。
②名乗る	・私は○○の留学生です。 ・今、日本語を勉強しています。
③お願いする	・ちょっと質問してもいいですか。 ・ちょっとお聞きしたいことがあるんですが。 ・いくつかお聞きしてもよろしいでしょうか。
④質問する	・☞ 95ページ「質問を準備しよう」の内容
⑤お礼を言う	・どうもありがとうございました。 ・とても勉強になりました。 ・お忙しいところ、ご協力ありがとうございました。

例：酒蔵

---

1. インタビューの場所、相手、トピック

   ・どこで：　　　酒蔵で　　　　　　　　　　　　・誰に：　　お酒を造っている人に

   ・何について：　酒造りについて

2. 聞いてみたいこと

   ①　　何年ぐらい働いていますか。

   ②　　どうしてこの仕事をしようと思いましたか。

   ③　　お酒を造るときに大切なことは何ですか。

   ④　　一番大変なことは何ですか。

やってみよう

---

1. インタビューの場所、相手、トピック

   ・どこで：　　　　　　　　　　　　　　　　　・誰に：

   ・何について：

2. 聞いてみたいこと

   ①

   ②

   ③

   ④

▶ インタビューして、その結果を発表してみよう))）

{ インタビューして結果をメモしよう } ···

インタビューのテーマ：　酒造りについて ···

インタビュー日：　〇 年 〇 月 〇 日　　場所：　〇〇酒造

質問	答え
お名前	田中一郎さん
質問① 何年ぐらい働いていますか。	20年ぐらい
質問② どうしてこの仕事をしようと思いましたか。	大好きな日本酒を飲むだけではなく造ってみたくなって
質問③ お酒を造るときに大切なことは何ですか。	酒蔵の中や使う道具をいつもきれいにしておくこと
質問④ 一番大変なことは何ですか。	暑い部屋の中で力仕事をするので、とても体力が必要
感想・コメント	酒蔵のみなさんが心を込めて日本酒を作っていることがわかった

インタビューして結果をメモしよう ・・・

インタビューのテーマ： ・・・	
インタビュー日： ・・・・・・ 年 ・・・・・・ 月 ・・・・・・ 日　場所： ・・・・・・・・・・・・・・・・・・・・・・	

質問	答え
お名前	
質問①	
質問②	
質問③	
質問④	
感想・コメント	

付録 I

▶ インタビューして、その結果を発表してみよう 》))

....

例: 酒蔵見学

導入	【あいさつ】	みなさん、こんにちは。アンです。
	【テーマ】	私は先週、酒蔵へ行きました。 そこで働いている田中一郎さんにインタビューしました。 そのことについて発表したいと思います。
説明	質問と答え ①	まず、何年ぐらい働いているかについて聞きました。 田中さんは20年ぐらい働いているそうです。
	②	大好きな日本酒を飲むだけではなく造ってみたくなって、この仕事をしようと思ったそうです。
	③	お酒を造るときに一番大切なことは、蔵の中や使う道具をいつもきれいにしておくことだそうです。
	④	そして、暑い部屋の中で力仕事をするので、とても体力が必要だそうです。
	感想・ コメント	酒蔵のみなさんが心を込めて日本酒を作っていることがわかりました。
結び	【あいさつ】	これで私の発表を終わります。ありがとうございました。

やってみよう

導入 どうにゅう	【あいさつ】	
	【テーマ】	
説明 せつめい	質問と答え しつもん こた ①	
	②	
	③	
	④	
	感想・ かんそう コメント	
結び むす	【あいさつ】	

付録 I

Ⅰ. 文化体験のための活動例

⑤調べた結果を発表する

▶ 調べたことについて発表してみよう))）

┌─────────────┐
│ 内容を整理しよう │
└─────────────┘ ···

例：大学生とたばこ

①テーマ ・テーマの紹介 ・選んだ理由 ・何を伝えたいか	・大学生とたばこ ・メンバー3人は喫煙者だが、日本ではたばこを吸う場所を見つけるのが大変だから ・日本と自国の違い
②どうやって調べたか ・いつ ・どこで ・どうやって ・何人に調査したか	 ・〇月〇日 ・〇〇大学 ・アンケート用紙 ・日本人大学生30人
③わかったこと	・たばこを吸う人：5人（約17％） ・1日に吸う本数：5本（3人）、10本（2人） ・禁煙したいか：5人全員「したい」 ・そのうち1人「たばこの値段がもっと上がったらやめる」
④結果のまとめ	・日本の大学生は自国に比べてたばこを吸う人が少ない ・吸う量もあまり多くない
⑤コメント ・感想 ・問題点 ・今後考えたいこと	 ・たばこを吸う人が思ったより少ないことに驚いた ・日本の大学生があまりたばこを吸わない理由と、昔と今との違いについても調べたい

やってみよう

内容を整理しよう ....

①テーマ ・テーマの紹介 ・選んだ理由 ・何を伝えたいか	
②どうやって調べたか ・いつ ・どこで ・どうやって ・何人に調査したか	
③わかったこと	
④結果のまとめ	
⑤コメント ・感想 ・問題点 ・今後考えたいこと	

▶ 調べたことについて発表してみよう))）

構成を確認してまとめよう ....

導入	【あいさつ】 （チーム紹介）	みなさん、こんにちは。リンです。キムです。マイケルです。 私たちはこれから、昨日行ったアンケート調査の結果について発表します。こちらのパワーポイントをご覧ください。
	①テーマ （選んだ理由）	私たちは、「大学生とたばこ」というテーマについて調べました。なぜこのテーマを選んだかというと、私たち3人は喫煙者ですが日本ではたばこを吸う場所を見つけるのが大変だからです。
説明	【概要】 ②どうやって 　調べたか ③わかったこと	それでは、調査の概要について話します。 調査はアンケート用紙を使って、〇月〇日に〇〇大学で行いました。アンケートの対象は日本人大学生30人です。 では、結果について話します。 まず、たばこを吸う人は5人で、約17％でした。 次に、1日にどれぐらい吸うか聞きました。3人は「5本」、2人は「10本」と答えました。 最後に、禁煙したいか聞いてみました。5人全員が「したい」と答えました。そのうち1人はたばこの値段がもっと上がったらやめると答えました。
	【内容のまとめ】 ④結果のまとめ ⑤コメント	今回の調査から、日本の大学生は私たちの国に比べてたばこを吸う人が少ないことがわかりました。そして吸う量もあまり多くありません。 私たちはこの結果に驚きました。 今後は、その理由について調べたいと思っています。また、昔と今との違いについても調べてみたいです。
結び	【あいさつ】	以上で私たちの発表を終わります。 何か質問やコメントがありましたら、お願いします。 ありがとうございました。

やってみよう

構成を確認してまとめよう

導入	【あいさつ】 （チーム紹介） ①テーマ 　（選んだ理由）	
説明	【概要】 ②どうやって 　調べたか ③わかったこと 【内容のまとめ】 ④結果のまとめ ⑤コメント	
結び	【あいさつ】	

付録 I

Ⅰ. 文化体験のための活動例

⑥交流する

▶ パーティーや交流会などで、初めて会った人と話してみよう))

{ 聞き方と答え方を確認しよう } ·····································

聞くこと	聞き方	答え方
名前	（失礼ですが、）お名前は。	○○といいます。 ○○と申します。
国	お国はどちらですか。	○○です。 ○○からまいりました。
地域	ご出身はどちらですか。 （国）のどちらですか。	○○です。
趣味	ご趣味は何ですか。	○○です。 ○○をすることです。
住んでいるところ	どこに住んでいるんですか。 どちらにお住まいですか。	○○です。 ○○に住んでおります。
いつ日本へ	いつ日本へ来たんですか。	○○です。 ○○（に）まいりました。
どうして日本へ	日本へはどうして来たんですか。	～からです。
日本でしたいこと	日本では何をしたいですか。	～たいです。

＊年齢や家族など個人情報について質問するのは失礼になることもあります。

・日本語は「あいづち」の多い言語です。
・あいづちをうつと、相手は安心して話すことができます。

丁寧なあいづち

「はい。」「ええ。」

「そうですか。」「そうなんですか。」「そうですね。」

「よくわかります。」「その通りだと思います。」「そうかもしれませんね。」

「それは知りませんでした。」「それは初耳です。」

「いいですね。」「素敵ですね。」「すごいですね。」「楽しそうですね。」

「大変ですね。」

カジュアルなあいづち

「うん。」「へえ。」「ふうん。」「なるほど。」

「そうなの。」「ほんと?」「えー?」

自己紹介をしよう

たくさんの人の前で自己紹介する機会があるかもしれません。練習しておきましょう。

みなさん、はじめまして。 <u>マシュー・ジャクソン</u> と申します。

<u>マット</u> と呼んでください。<u>アメリカ</u> の <u>カリフォルニア</u> から来ました。

今、<u>カリフォルニア大学の 2 年生で、日本語を勉強し</u>ています。

家族は <u>父と母と姉と兄</u> と私の <u>5</u> 人 です。

<u>日本のアニメが大好きでな</u> ので日本へ来ました。

<u>去年の 9 月</u> に日本へ来て、今、<u>新宿</u> に住んでいます。

私の趣味は <u>映画を見ること</u> です。

みなさん、これからどうぞよろしくお願いします。

やってみよう

自己紹介をしよう

みなさん、はじめまして。 .... と申します。

.... と呼んでください。

.... の .... から来ました。

今、.. ています。

家族は .... と私の .... 人です。

.... ので日本へ来ました。

.... に日本へ来て、今、................................ に住んでいます。

私の趣味は .... (こと) です。

みなさん、これからどうぞよろしくお願いします。

Ⅰ. 文化体験のための活動例

⑦手紙（お礼状）を書く

▶ お世話になった人に、お礼の手紙を書いてみよう))

{ 手紙の要素と表現を確認しよう } ....

①頭語・⑦結語	「拝啓」と「敬具」（必ずセットで書く）
②始めのあいさつ	【季節のあいさつ】 ・暖かく／暑く／涼しく／寒くなりました。 ・桜／紅葉／梅雨の季節になりました。 ・毎日暑い／寒い日が続きます。
	【相手の様子】 ・お元気ですか。／お元気でいらっしゃいますか。 ・いかがお過ごしでいらっしゃいますか。 ・お変わりございませんか。
③④⑤お礼・感想	（コメント、今後の予定なども加える） ・〜くださいまして、ありがとうございました。 ・心から感謝しております。 ・大変興味深かったです。 ・〜と思っております。
⑥終わりのあいさつ	・これから寒くなりますが、どうぞお体を大切になさってください。 ・しばらく寒い日が続きますが、どうぞお体にお気をつけてください。 ・ご自愛のほどお祈りいたします。 ・またお会いできる日を楽しみにしております。 ・〇〇にいらっしゃることがございましたら、ぜひご連絡ください。

付録
Ⅰ

例：お茶を教えてくださった先生に

構成	要素	表現
前文	①頭語 ②始めの 　あいさつ	拝啓　暦の上では春とはいえ、厳しい寒さが続いています。 ★山田先生、お元気でいらっしゃいますか。 （★の文をもっとフォーマルにしたい場合、「山田先生におかれましては、ますますご健勝のこととお喜び申し上げます。」としましょう。）
主文	③お礼（1）	さて、先日はお忙しい中、私たちのために講座をご担当くださいましてありがとうございました。2時間という短い時間でしたが、数えきれないほど多くのことを教えてくださり、心から感謝しております。情報も豊富で楽しく、大変わかりやすかったので、多くのことを学ばせていただきました。
	④感想	私の国オーストラリアでは、お茶の種類はコーヒーほど多くないので、大変興味深かったです。私はいつも紅茶を飲んでいるのですが、今回、お茶のおいしさに目覚めました。日本滞在中にいろいろなお茶を飲んでみて、家族にもお茶をお土産に買って帰ろうと思っています。
	⑤お礼（2）	今回は大変貴重な機会をくださいましてありがとうございました。日本語の勉強と、日本文化に対する知識と教養を身につけるため、これからも頑張ります。
末文	⑥終わりの 　あいさつ	しばらく寒い日が続きますが、どうぞお体にお気をつけてください。
	⑦結語	敬具
後付け	日付 自分の名前 宛名	○年○月○日 メアリー・スミス 山田花子先生

やってみよう

お礼状（れいじょう）を書（か）こう ....

_____ に

構成（こうせい）	要素（ようそ）	表現（ひょうげん）
前文（ぜんぶん）	①頭語（とうご） ②始（はじ）めの 　あいさつ	
主文（しゅぶん）	③お礼（れい）（1）	
	④感想（かんそう）	
	⑤お礼（れい）（2）	
末文（まつぶん）	⑥終（お）わりの 　あいさつ	
	⑦結語（けつご）	
後付（あとづ）け	日付（ひづけ） 自分（じぶん）の名前（なまえ） 宛名（あてな）	

付録（ふろく）
I

Ⅱ. 文化体験のための日本語表現

① 意見を言う

/////////////////////////////////////

▶ ディスカッションなどで意見を言うときの表現を学ぼう))))

{ 要素を確認しよう } ⋯⋯⋯⋯⋯⋯⋯⋯⋯⋯⋯⋯⋯⋯⋯⋯⋯⋯⋯⋯⋯⋯⋯⋯⋯

意見を言うとき、次のような順序で言うことが多いです。

例： 　私の考えでは、　　　　　　　　　　　➡ ①前置き
　　　日本人はもっと休んだほうがいいです。　➡ ②意見
　　　働きすぎだからです。　　　　　　　　　➡ ③理由

{ 自分の意見を言うときの表現を確認しよう } ⋯⋯⋯⋯⋯⋯⋯⋯⋯⋯⋯⋯⋯⋯⋯⋯⋯

①前置きの表現

・私の考えでは、〜
・私の意見では、〜
・個人的な考えでは、〜
・個人的な意見ですが、〜
＊言わないこともあります。

②意見の表現

 強い ・〜べきだと思います　　　　　　例：休むべきだと思います。

　　　　・〜なければならないと思います　　　休まなければならないと思います。

　　　　・〜と思います　　　　　　　　　　　休んだほうがいいと思います。

　　　　・〜のではないでしょうか　　　　　　休んだほうがいいのではないでしょうか。

　　　　　（〜んじゃないでしょうか）　　　　休んだほうがいいんじゃないでしょうか。

　　　　・〜ように思います　　　　　　　　　休んだほうがいいように思います。

 弱い ・〜かもしれません　　　　　　　　休んだほうがいいかもしれません。

③理由の表現

・〜からです
・なぜなら、〜
・なぜかというと、〜
・というのは、〜

ほかの人の意見に対して、自分の意見を言うときの表現を確認しよう
....

賛成意見を言う

・私もそう思います。
・私も〜さんと同じ考えです。
・〜さんの意見に賛成です。

反対意見を言う

反対意見を言うときははっきり言います。ただし失礼にならないように注意しましょう。

・そうですか。でも、〜
・おっしゃることはわかるんですが、〜
・確かにそういう場合もあります。でも、〜

Ⅱ. 文化体験のための日本語表現

②発表の司会をする

▶ 発表の司会・進行をしてみよう))

┌─────────────┐
│ 司会をしよう │ ....
└─────────────┘

1. 始めのあいさつ	・それでは、これから〜についての発表会を始めたいと思います。 ・私は司会の〇〇と申します。どうぞよろしくお願いいたします。
2. 発表者の紹介	・それでは、最初の発表者は〇〇さんです。 ・発表のテーマは〜です。 ・〇〇さん、よろしくお願いします。
3. 発表の終わり	・〇〇さん、ありがとうございました。 ・みなさん、ご意見、ご質問などありましたらお願いします。 ・ほかにご質問はありませんか。 ・それでは、次の発表に進みたいと思います。
4. 終わりのあいさつ	・それでは、これで発表会を終わりにしたいと思います。 ・みなさん、どうもありがとうございました。

Ⅱ. 文化体験のための日本語表現

③質疑応答をする

▶ 質問をしてみよう／質問に答えてみよう)))

> 質問の仕方と答え方を確認しよう

質問する

1. お礼を言う	・とてもおもしろい発表を、ありがとうございました。 ・とても興味深い発表で、勉強になりました。
2. 前置きをする	・～について、お聞きしたいのですが、～。 ・～点、質問がございます。
3. 質問する	・～はよく理解できたのですが、～とはどのような意味でしょうか。 ・～についてもう一度説明していただけませんか。

質問に答える

1. お礼を言う	・ご質問ありがとうございます。
2. 質問に答える	・～は、～という意味です。
3. 質問に答えられないとき	・それについては、今はまだよくわかりません。 ・これから調べてみたいと思います。
4. 質問が聞き取れなかったとき	・すみませんが、ご質問をもう一度お願いできますか。
5. 確認する	・よろしいでしょうか。

★発表の自己チェックをする

▶ 発表について振り返ってみよう))))

┌ フィードバックをしよう ┐ ·····································

・発表が終わったら、うまくできたかどうかチェックしてみましょう。
・クラスメイトや先生にお願いしてもいいです。

テーマ： _____

ポイント	評価（〇をする）
1. 声の大きさ	まだまだだ・もう少しだ・ふつう・よい・とてもよい
2. 話すスピード	まだまだだ・もう少しだ・ふつう・よい・とてもよい
3. 文法	まだまだだ・もう少しだ・ふつう・よい・とてもよい
4. 発音	まだまだだ・もう少しだ・ふつう・よい・とてもよい
5. 内容	まだまだだ・もう少しだ・ふつう・よい・とてもよい
6. 表情や目線	まだまだだ・もう少しだ・ふつう・よい・とてもよい
7. 質問への答え方	まだまだだ・もう少しだ・ふつう・よい・とてもよい

コメント

> 例：大きな声でわかりやすかった。

文化体験教材開発グループ

監修： 村田 晶子（法政大学 日本語教育センター 教授）

著者： 長谷川 由香（法政大学 日本語教育センター 専任講師）

池田 幸弘（元法政大学グローバル教育センター専任講師、現慶應義塾大学日本語・日本文化教育センター専任講師〈有期〉）

竹山 直子（桃山学院大学 外国語教育センター共通教育機構 講師）

執筆協力（五十音順）： 工藤 理恵（フェリス女学院大学 全学教養教育機構 専任講師）

橋本 彩花（青山学院大学 地球社会共生学部 助教）

藤井 佳子（ベイラー大学 教養学部 現代言語文化学科 日本語上席講師）

プレフューメ 裕子（ベイラー大学 教養学部 現代言語文化学科 日本語上席講師）

山田 志帆（一般財団法人 海外産業人材育成協会（AOTS）登録日本語講師）

山本 そのこ（法政大学 日本語教育センター 兼任講師）

英語翻訳：プレフューメ 裕子

にほんごで文化体験

発　行　日	2021年2月17日（初版）	
	2024年5月16日（第2刷）	
監　　　修	村田 晶子	
著　　　者	長谷川 由香、池田 幸弘、竹山 直子	
編　　　集	株式会社アルク日本語編集部、今野 咲恵	
翻　　　訳	プレフューメ 裕子、顧 蘭亭、DO THI HOAI THU	
デ ザ イ ン	早坂 美香（SHURIKEN Graphic）	
イ ラ ス ト	岡村 伊都	
Ｄ　Ｔ　Ｐ	株式会社創樹	
印 刷・製 本	萩原印刷株式会社	
発　行　者	天野 智之	
発　行　所	株式会社アルク	
	〒141-0001　東京都品川区北品川6-7-29　ガーデンシティ品川御殿山	
	Website：https://www.alc.co.jp/	

落丁本、乱丁本は弊社にてお取り替えいたしております。
Webお問い合わせフォームにてご連絡ください。
https://www.alc.co.jp/inquiry/

本書の全部または一部の無断転載を禁じます。
著作権法上で認められた場合を除いて、本書からのコピーを禁じます。
定価はカバーに表示してあります。
訂正のお知らせなど、ご購入いただいた書籍の最新サポート情報は、
以下の「製品サポート」ページでご提供いたします。
製品サポート：https://www.alc.co.jp/usersupport/

地球人ネットワークを創る

アルクのシンボル「地球人マーク」です。

©2021 Akiko Murata/Yuka Hasegawa/Yukihiro Ikeda/Naoko Takeyama/ALC PRESS INC.
Itsu Okamura
Printed in Japan.

PC : 7021021
ISBN : 978-4-7574-3659-6